우리는 서로에게 닿을까 봐

이향 시집

시인동네 시인선 262

이향 시집

우리는 서로에게 닿을까 봐

시인동네

저녁이면 그림자를 옮겨 심었다.

우리는
뿌리 없는 밤을 이미 가졌는지 모르는 채

곧 사라질 말들,

2025년 9월

이향

차례

제2부

제3부

제4부

제1부

돌에게

네 입은 언제 굳어버렸지

네 작은 눈에 살얼음이 끼고 있다
모였다 흩어지는 마른 빛들, 저들에게 소멸이란 무엇일까?

누군가 너의 절망을 아무렇지도 않게 밟고 지나갔다

나무는 밤을 잘라 가지를 견디고
너도 방을 가지면 따뜻해질 수 있을까

얼마나 더 신중해야 해
언제까지 더 움츠려야 해

아직 초록 잎을 가진 너는,

자주 던져지지만 방향 없는 날들이 계속되고 있다

거울

수도 없이 돌을 맞았다

날아오는 돌을 피해 기껏 유리문 앞에 서 있었다

더 이상 깨질 것이 없을 때까지
더 이상 흘릴 말이 없을 때까지

우리는 꽃 피우는 일에 투명했다

던질수록 더 커지는 유리문

내가 나에게 무슨 짓을 하는 걸까

돌아오는 돌을 피해 기껏 유리문 뒤에 서 있었다

그러고도 온전하다니
그러고도 온전함을 믿다니

양손에 깨진 조각을 들고
손바닥에 박힌 선명한 피를 떠올리며

물속으로 들어가려고 물 밖으로 나오려고
거울은 늘 출렁이고 있다

너의 방식으로

더 깊이 돌을 안았다

그런다고 돌이 될 수는 없지만

물속에 얼굴을 넣었다
떠내려가는 강을 놓치지 않으려고 먼저 가라앉았다

그런다고 이끼와 물살과 냄새를 가질 수 없지만
오랫동안 엎드려 지냈다

물밑을 견디며 바닥을 더듬는 돌이여,

웃음을 다 주고도 흰 이를 드러내야 하는 우리는
아직 오지 않은 저녁을 써버렸다

온몸으로 물살을 거스르는 돌이여,

그런다고 달라질 것도 아니지만

그땐 얼굴 밖으로 나가고 싶었는지 모른다

한 번쯤은 떠오르고 싶었어요
언젠가는 주목받고 싶었군요 그러나 곧 구겨질 거예요

아직 가져본 적 없어

엎드린 얼굴을 뒤집었을 때

돌은
물속에 얼굴을 떨어뜨렸다

접시는 매일 조심한다

깨뜨리고 싶은 순간에 접시를 닦았다

서럽지 않은 시간은 어디에도 없다고
둥근 접시를 식탁 위에 깔아보곤 했다

금 가지 않는 관계가 어디 있는지 너는 아니?

간혹 비가 쏟아져 상처를 내기도 하지만
괜찮아,
젖은 내 심장 위로 차곡차곡 쌓을 수 있어서
접시는 안심이다

이렇게 얇은 관계를 가지려고 새벽은 창가에 서 있었지
당신의 흰 손가락과 눈빛과 음성을
접시는 매일 조심한다

　떨리는 손으로 찬장 속의 접시를 꺼내 보던 시간이 두꺼워
지고 있다

처음부터 사랑은 금이 가기 시작했는지 모른다

와장창 깨져버렸으면 좋겠어
계단처럼, 난간처럼

사랑은 흔들리는 목소리를 가졌지

원형이거나 사각이거나 혹은 타원형
테두리 같은 건 이미 없었는데
아직은 지켜야 할 것들이 있어

아무도 믿으려 하지 않는 사랑을 모으고 있다

나는 공이 되어가고 있다

어느 방향에선가 공이 날아왔다

갑자기 온 공을 굴리며, 무작정
봄을 기다렸는데 여름이 왔다

여름을 들고 봄을 굴리는 일

바다 앞에서 바다를 놓쳐버려서
바다 한가운데 떠 있으면서 섬을 잃어버려서

언제부터였을까

손가락을 베이면 무엇이든 풀이 되어가는데

절벽은 절벽을 뛰어넘지 못하고
강은 강을 버리지 못해

벌어진 입속으로 바람이 빠지고 있는데

점점 구름이 되어가고 있는데

언제부터 모르게 되었을까

믿지 않는다는 건 잃어버린다는 것

눈이 오기 전에 눈을 믿지 못해 공이 녹고 있다

어쩌지 어쩌지 하면서

너를 굴리며
너를 녹이며

처음부터 공 같은 건 없었다는 걸
나는 모르게 될까

쉼보르스카

살아 있다는 게
유리그릇 같아서 애면글면 닦았는데

거울 속에는 아직 네가 있네

살아간다는 건
빗속에 서 있는 건 줄 알았는데

뿌리는 젖지를 않네

새벽이 오면 깊은 잠을 자야지
어둠에게 한 맹세는 지켜지지 않고

하루 한 장 달력을 뜯어내듯 하루만큼의 이파리를 찢으며

희망은
작아지는 것에만 몰두했지
버틸 준비만 했지

쉼보르스카 쉼보르스카
겨우 입술에 남은 이름을 부르며

끝나지 않는 말과 시작되지 않은 말 사이에서
주저앉는 질문들

어떤 자책
어떤 채찍이 나에게 들어와서

열심히 더 열심히 몰아붙이고 있네

다가갈수록 사라지는 것들
계절이 와도 피지 못하는 날들

알면서도 무성해지는 걸까
어디선가 비눗방울을 불어 보내고

그렇게 알게 되었을까

진도 대파가 유독 좋다고 해서 파 한 단을 샀다 줄기가 희고 길어서 단맛이 난다는데, 그것을 가지려면 푹 파묻혀 있어야 한다는데

마치 얼굴을 가려주듯 언 발을 감싸주듯 그곳 사람들은 뿌리를 두둑하게 덮어준다는데

언젠가 파 모종을 심을 때
너무 가늘어 흙에 기대 놓은 적 있다

너에게도 그런 시간이 없지 않았을 텐데

그땐 혼자 일어설 수 없어서
그땐 사는 것이 잘 안 되어서

오늘이 점점 가늘어지고 있다

어딘가에 묻혀 있었던 시간이 겨울을 가지게 되었을까

그렇게 어둠을 알게 되었을까

잘 다듬어진 파는 고양이의 뽀얀 발처럼 고요하다

매일 아침 물을 끓인다
끓었다 식는 것을 반복하는 사이

어떤 것은 흰 것이 될 수 없었는지 모른다
어떤 것은 다 쏟아버렸는지 모른다

책상은 태어난다

책상을 안고 애를 쓰다 깨어난 적 있다

책상을 가지려고
가는 곳마다 모서리에 부딪쳤는데
앉을 때마다 당신과 멀어지곤 했는데

낮 동안 없던 것들이 밤이면 나타나듯
밤에 책상이 태어났다

그것만 있으면 다 내려놓을 수 있겠지
너에게는 숨겨둔 본색을 드러내도 되겠지

없던 눈동자를 가졌는데 우는 사람이 없네

흰 깃털을 떨어뜨리기도 했는데
받아 적는 사람이 없네

밤은 살아 있는 것들의 목을 조여 죽은 새의 눈을 들여다보

게 한다

무얼 더 써야 하지?

한때 책상은 폭력이었을까 그땐 책상 밖으로 뛰쳐나가고
싶었을까

영안실에 덩그러니 놓여 있는 관(棺) 앞에서
우리는 서로 다른 기도를 중얼거렸다

이러다 끝내버릴 결심을 할 수도 있겠지만

어떤 밤에는
믿을 게 책상밖에 없어서

밤마다 당신이 태어난다

연인들은 눈이 온다

당신을 열면 눈이 온다

서로의 검은 눈썹을 덮어주며 눈이 내린다

금방 사라질까 봐 연인들은 급하게 사랑을 한다

연인들은
한 조각 생크림케익을 가졌다

빈 접시는
곧 사라져 버리자고, 없던 일이 되자고

사랑은
어딘가에 닿으려고 간절히 가방을 챙긴다

가방을 열면 눈이 내린다

서로의 흰 것을 가려주려고 연인들은

맨발로 뛰어내린다

발자국을 들고 어디까지 갈 수 있을까

당신은 그것을 뭉쳐 오래 사랑하려 했다

눈이 녹으며
나의 연인도 녹으며

사랑은 빌려온 흰빛이어서

곧 돌려주려고 이별하자고

검은 연인들은 눈이 온다

아침마다 시집이 도착했다

누군가에게 읽히고 싶어 쓰는 걸까
읽히지 않아도 되는데 하면서

읽히는 쪽으로 걸어가는 동안
당신을 통째로 잃어버렸다

한 번 두 번 책을 묶을 때마다
읽히지 않는 당신을 더 깊이 잃어버리려고 나는 쓰는 걸까

우리는 여러 개의 계단을 가져야 한다

누군가 당신을 자세히 읽는 줄도 모르고
잘해보려고 더 잘해보려고
눈을 뜬 채 뛰어내린 적 있지

어두울수록 더 큰 잎을 키우려는 식물처럼
반려식물이 되려고 제 잎을 찢는 몬스테라처럼

얼굴을 가지려고 창가에 얼굴을 묻었다

아침마다 아침이 도착했다
화분 속에는 쌓아둔 시집이 넘치고

열어보지도 않고 던져지는 상자들
뜯지도 않은 채 쌓여가는 봉투들

서두르지 않으면 버려질까 봐

당신은 당신과 헤어지는 중이다

월식

당신들이 너무 잘 보일 때
당신들을 읽어주느라 나는 가려졌다

소파에는 발 없는 다리들
식탁은 식탁 위에서 넘쳐났다

눈 오는 밤에는 눈을 덮고 누웠는데
당신들은 내 흰 밤을 그냥 밟고 갔다

그러고도 밤을 가졌는지
달이 가려지자 큰 창으로 내가 보인다

몰랐던 얼굴을 가졌다
없었던 바닥이 생겼다

태양-지구-달-지구-태양-지구-달-태양
지구-달-태양-지구-달-달-태양-지구

어디까지 가 봤니?

어느 곳에서는 낮이 밤을 다 써서
가방 속에 달을 구겨 넣었다

물 한 컵을 다 가지게 되면 어떤 느낌일까
밤을 혼자 덮는 느낌은?

당신들을 모두 *끄고* 나면
달 하나를 온전히 가져도 될까

악몽

우리는 같은 방식으로 실패했다

사랑은 어차피 형평성에 맞지 않았다

어떤 말은 저들끼리 한통속인 것 같아서
어떤 시간은 불평등하게 배치되고 있었다

언제나 이런 식이야

물컹한 파충류는 아무리 털어내도 떨쳐지지 않고
피 흘리는 악몽을 아무렇지도 않게 만져야 해

오래 매달려 있으려고 미래를 버렸다

아무 목적 없는 밤에는 흰 꽃을 떨어뜨렸다

가로등은 바닥만 비추었는데
이러는 게 맞아?

모든 밤은 노래 같아서 춤이 될 것만 같아서
완성되지 않은 채 눈을 뜨기도 했다

물속을 나가지 않기로 했는데
쓰지 않기로 했는데

쓸데없이 깨어나곤 했다

슬픔을 확인하러 갔다

공원은 밤의 공원은 겨울밤 공원은 떨고 있다 마른 가지에 앉아 있던 새는 어디로 갔을까 넓은 공원에 혼자 있는 느낌 이렇게 큰 어둠을 내가 다 가져야 될까 이 추위를 적막을 감당하기엔 너무 작은 새는 부러진 가지 쪽으로 갔을까 나는 공원에서 밤의 공원에서 겨울밤의 공원에서 밤을 덮어쓴 사람처럼 웅크리고 있다 눈이라도 내린다면 멧돼지라도 튀어나온다면, 일어났으면 하는 일은 일어나지 않고 주머니 속에 새는 더 싸늘해지고 있다 밤에 사람들은 서로의 슬픔을 확인하러 갔다 점점 쌓이고 점점 뭉쳐지고, 일어나지 않는 일을 미리 걱정하는 습관을 가진 나는, 일어난 일을 오래 들고 있는 나는, 공원을 밤의 공원을 겨울 공원의 밤을 가지려 한다 당신의 슬픔을 믿으려 한다

제2부

작약

　창문을 닫아 놓았는데 작약이 피었다 너무 큰 꽃이라 가느다란 운명을 그는 가졌다 그래서일까 선뜻 다가갈 수 없는 적막이 붉어지는 날은 얼굴이 바닥에 닿기도 했는데, 그것이 작약의 불안이 되지는 않는 듯했다 당신은 창 안으로 들어온 적 없지만 밖인 적도 없어 슬쩍 비치는 린넨커튼을 가졌다 밤과 낮, 사랑은 어느 쪽을 선택한 적 없지만 작약은 자신도 모르게 한쪽으로 치닫고 있는 듯했다 모든 것을 쏟아낸 애도를 나는 모른다 나른한 미래가 이글거리는 작약 곁에 열흘 정도 그렇게 머무르는 것 같았다 열어둔 창으로 큰 허무가 조금씩 아물고 있다

누가 장미에게 꽃을 주었을까

장미를 옮기려고
깊이 더 깊이 뿌리를 따라 내려갔다

장미는
울음을 삼킨 눈동자처럼 먼 데를 보고 있어

당신의 속내가 만져졌다

이 눈빛이 장미에게 꽃을 주었을까

덤불 속에 집을 짓고 밤마다 불행을 끌어 덮을 때

우리는 마르지 않는 심장을 가졌는데

젖은 고독이 장미에게 필요했을까
붉은 꽃이 우리에게 맞는 표현일까

우물을 들여다보듯, 장미는 피기 위해

자신을 뒤집었다

우리도 한 번쯤 피면 안 돼?

절망적인 밤일수록 붉고 탐스럽지

피면서 이별하는 우리는
옮길 때마다 뿌리를 버렸지

파헤쳐질 때마다 시드는 밤이여!

오, 아름다울 것도 없는 여기에 누가 장미를 보냈을까

무덤보다 먼저 무덤가에 가 있을 장미여!

빌어먹을 옐로우

사람들은 무심코 공을 던졌다
이리저리 뛰어다니는 나에게
어떤 사람은 던진 걸 잊었는지 여러 겹 던졌다

나는 좀 어지러웠다

생수병에 입을 대고 콸콸콸 말을 삼켰다
2리터 물병이 차오르고 있다 저들은 6개씩
오랫동안 묶음이었는데

모조리 쏟아버리고 싶었다

방금 공이 나를 가리킬 때 어깨에 힘이 잔뜩 들어갔다

어떤 때는 서두르다
한 소쿠리 공이 바닥으로 쏟아졌다

마구 튀어 오르는 공은 난처했지만

제 방향으로 각각 흩어지고 있다

이제 그만하고 싶어
난 괜찮지 않아요……

공이 다시 내 앞으로 던져질 때

옐로우 옐로우 옐로우
그 빌어먹을 옐로우 볼

소쿠리 가득 나를 비웃는
공이 넘치고 있다

삶은 계란

당신의 표정이 너무 슬퍼서*
당신을 생각하며 계란을 삶는다

계란은 작은 냄비 안에서 기쁘게 삶기는 중이다
온도가 뜨거워질수록 깨지지 않을 거라는 믿음이 익어가고
있다

계란을 삶는 동안
당신은 끊임없이 나를 불러내고 있다

당신처럼 날계란을 지키지 못해서
당신처럼 난간을 가지지 못해서

안전하게 삶기는 중이다

삶은 얼굴에는
슬픔이 노랗게 익어 목을 막히게 하지만

더 이상 깨지지 않아도 돼!

더 이상 조심하지 않아도 돼!

위태로움이 사라질까 봐

이대로 계속 살아질까 봐, 출구도 없이 매일 태어나는

날계란 같은 당신이 너무 슬퍼서

아침마다 계란을 삶는다

---

*바스 얀 아더르의 작품 제목 인용.

두부 같은 날

김이 술술 나는 모서리가
검은 비닐 속으로 팔려나가고 있다

한 모 두 모
얼마나 친절한가요

둥글둥글해지려고
솥 안에서 펄펄 끓어오를 때

이미 모서리를 주문 받았다

물컹해지지 않으려고
단단해지지 않으려고
손에 칼을 쥐어주었는데

두부는 한 알 두 알 제멋대로 굴러다니면 안 됩니까
두부는 한 톨 두 톨 자루째 쏟아지면 안 됩니까

출렁거리지 않으려고 작약을 잘라
바다에 꽂는 일에 몰두했는데

그때는

두부가 되지 않으려고
매일 매일 두부가 되어갔다

어떤 날은 찬물 속으로 한없이 가라앉았다

누군가 손을 넣으면 아무 저항 없이
표백된 얼굴이 드러나곤 했다

액자

얼굴이 뭉개졌다

잃어버리는 줄도 모른 채 얼굴이 얼굴을 덮고 있다

그것은 처음부터 얼굴이 아니었는지 모르는데, 온갖 것으로
덧칠된

문을 열 때마다
끝없이 태어나는 얼굴,

익숙한 얼굴로 얼굴을 가리며, 낯선 얼굴끼리 서로를 열고
닫으며

당신을 기억하려고
벽에는 없는 초상화를 걸어 두었다

다리 밑에는 누군가 던져버린 얼굴들끼리
사랑을 지우고

거울 앞에 서면

그 누구도 아니어서
아무것도 아니어서

모르는 얼굴에 얼굴을 묻었다

오늘의 형태

눈을 뜨자
누군가 큰 망치로 오늘을 깨뜨렸다

한 컵의 검은 물이 쏟아진 형체들
어쩌면 저절로 깨진 걸까

미끄러지듯
흘러내리듯, 달아나듯 얇고 날카로운 그러나
뭉툭한 오늘의 형태

나는 이미 오늘 안에 들어와 있는데

우리는 너를 한낮에 마시고 아침에 마신다 우리는 너를 밤
에 마신다*

내 노트는
깨진 조각을 붙이며 오늘을 완성해야 하는 걸까
맨발로 검은 발자국을 밟아버려야 할까

오늘은 생각보다 오래 젖었다
오늘은 어둡게 고여 있다

어디로 가려는 걸까

노트는 오늘을 덮는다

———————

*파울 첼란 『죽음의 푸가』 중에서 인용.

나무는 조금만 잠든다

밤에 나무는 나무가 되지 않으려고 하늘로 오른다 나무에서 멀리 더 멀리 가려고 부글거리며 끓어오른다 밤에 나무는 나무가 되지 않으려고 숲으로 간다 숲은 검게 타올라 어둠의 집을 크게 가진다 밤에 나무는 춤춘다

다시 돌아가지 않으려고 격렬하게 제 흰 그림자를 떨어뜨린다

우리는 사랑을 가지려고 아무렇지도 않게 밤을 밟고 지나갔다

나무는 안다 밤이 되어서야 오롯이 나무가 된다는 걸 숲이 거대한 불안에 휩싸여 희게 뱉어질 때

한쪽 가슴에 죽은 새를 안고

은빛 촛대를 들고
한 잎 한 잎 당신을 생각하느라

나무는
밤에 나무는 조금만 잠든다

우리는 같은 계절을 겹쳐 입고도

그녀가 조심스레 입을 열었다

무덤을 파헤치고 나온 사람처럼 흙내가 났다

가슴을 쓸어내리며
살아냈음을 확인이라도 하듯

이제 괜찮아요
이제 다 나았어요

이제라는 말에는 가느다란 실이 숨어 있는지 그녀를 칭칭
감아 주고 있다

그녀는 잘려나간 한쪽 유방이 되었다가 방사선에 검게 타
버린 빈 몸이 되었다가
모자가 되었다

이제가 오기까지 여기 없던 사람

이제가 되기 전 땅속에도 없던 사람

한겨울 얼음판에 얼굴을 묻어둔 채
그녀가 왔다

너무 두껍게 얼어붙어 영원히 녹지 않을까 봐
그대로 가라앉아 버릴까 봐

검고 긴
몇 번은 살아 있지 못했다고 했다

두려움을 꽉 움켜잡은 겨울 연못 앞에서
우리는 같은 계절을 여러 번 겹쳐 입고도 떨고 있다

바다라는 감정

밖에서 안을 들여다본다는 것
당신을 당신 밖으로 불러내 보는 일

수평선은 감정적이어서 자주 놓친다

바다는 큰 구멍 같아서

저 고요함도 다가서면 그물더미처럼 뒤엉켜 있겠지

바다를 잊어버리려고 바다를 선택했는데 두근거리는 파도
를 찾아낸다면 내 안의 무덤들을 잠재울 수 있을까

지금은 수국의 계절

불안은 피는 시간을 놓치지 않고
퉁퉁 부어오른 얼굴

두려움을 찾아 여기까지 왔는데 사랑은 아무런 감정도 남

아 있지 않은지

　무표정한 아침이 수국을 보내준 것일까

　당신은 두 개의 파도를 들고

　여러 송이 불안을 안고

　바다라는 감정에 몰입할수록

　바다 앞에서 바다 아닌 얘기만 했다

안전문자

어떻게 아침마다 식탁에 앉지
어떻게 밤마다 밤이 오지
규칙을 사랑해서 당신은 부정맥이 생겼지

밥솥이 고장 나 버렸으면 좋겠어 정수기는 정수되지 않고
냉장고를 열면 신발들이 쏟아졌다

국화가 핀다고 곧 축제가 시작된다고
하루에 몇 번씩 안전문자가 왔다

국화는 너무 폭력적이야
국화는 너무 현실적이지

국화를 읽으려고 새벽마다 달이 떴나?

어떻게 하면 국화보다 더 국화 같은 세밀화
어떻게 하면 죽음보다 더 죽음 같은 조문을 할 수 있어

이런다고 우리는 안전해질까

누군가 입에 흙을 채우고 있는데
누군가 손바닥에 각서를 쓰고 있는데

국화는 산 채 버려지고 있다

캐리어

방을 찾아다녔다

낮은 방은 폐지더미처럼 차곡차곡 모여 있었는데
살다 간 가방들이 떠다녔다 뒤섞인 신발끼리 짝을 맞췄다

더 작은 방을 구하느라 매일을 다 써버렸다

어떤 방은 여기서 마감한 것처럼 보였다 그것이
결말이 되지는 않겠지만

나보다 먼저 울고 간 사람이 있다

불이 들어오는 것을 지켜보다가
불행을 찾아버렸다

누가 무슨 짓을 했지?

마트료시카 인형처럼

문을 열 때마다 더 큰 구덩이가 태어났다

당신은 곧 떠날 것처럼,

터널 같은 계단 끝에서
아래로 아래로 굴러떨어지는 작은 방들

우리의 결말은 이렇게 정해져 있는 겁니까

방을 가져본 적 없는 밤이
바퀴를 끌고 다닌다

당신의 안부

어쩌면 우리가 여기 있는 건* 누군가의 부고를 받기 위해서
일까 앙상하게 뒤틀린 당신의 등뼈에게, 돌출된 당신의 거북
목과 굳어버린 어깨에게 '이제 그만 쉬세요' 누군가 이미 귓속
말을 전했는데 우리는 모른 척 어딘가로 가고 있다 죽음에 대
해 몇 줄의 메모를 남겼다고 들었다 몇 개의 단어를 떠올릴 동
안 당신의 생애는 캄캄했겠다 얼마간의 망설임으로 당신은 충
분했을까 선뜻 삼가 고인의 명복을 빌지 못하는 건 우리가 여
기 남아 있는 이유일까 바로 옆 잠든 얼굴에게, 화해하지 못한
밤에 대해, 저 혼자 깨어 있을 식물의 안부를 묻지 못해 당신은
입을 조금 벌린 채 죽어간 것일까 당신의 부고를 받은 날, 울음
도 없이 우리는 또 살아지고 있다

---

*릴케 「두이노의 비가」에서 인용.

제3부

오, 아름다운 잠

너는 잠든다
누렇게 변색된 잠을 너는 사랑한다

아무것도 바라지 않지만 기다림이 많은 잠은
오랫동안 사랑한 연인처럼 어쩔 수 없어
곧 끝나게 될지 모른다

부디, 나의 잠을 걷어가지 마세요
나는 잠 속에서만 깨어 있어요

언젠가 당신은 잠 속을 떠돌다 서서히 녹아내릴 것이다
잠들기 전 잡은 연필은 손가락을 놓칠 것이다
손목만 덩그렇게 남아 붉은 침을 흘릴 것이다

잠은
영원히 잠들지 않을 백지를 지키려고
결국 누렇게 실패할 것이다

혼자 있을 때 밤이 왔다
— 그는 모자를 쓰지 않으면 생각할 수 없다니까*

아무리 기다려도 밤은 오지 않았다

당신과 인사를 나누던 날 너무 환해서
모자 아래로 보이는 것만 봤다

책을 펼치면 글자들이 다 날아가 버렸다

모자 속에 주렁주렁 구름이 달린다면 사과가 둥둥 떠다닌다
면 모자가 질문이 되는 건
별로 중요하지 않아

책 속을 돌아다녔다

언제부터 밤이 멈춰버렸는지 물어봐 줄래
언제부터 밤을 잃어버렸는지 기억해 볼래

당신들이 나를 다르게 말할 때 모자를 더 깊게 눌러 썼다
당신들이 나를 지나갈 때 밤이 왔다

모자를 벗으면 사라질까 봐
머리맡에 한 컵 두 컵 밤을 모았다

얼굴을 어디에 묻어야 하니?
무거운 생각을 어디에 벗어둘지 몰라
모자만큼 질문이 돌아왔다

우리는 가끔 (밤을 보려고) 모자를 쓰고 만난 적 있다
우리는 가끔 (모자를 쓰고) 몰래 만난 적 있다

밤이 옅어질까 봐
밤을 볼 때 혼자였다

―――――
＊사무엘 바케트『고도를 기다리며』에서 인용.

허기

눈만 뜨면 구멍이 생겼다
눈만 뜨면 계단이 쏟아졌다

여기저기 움푹한 생각들
디딜 때마다 허공이 생겼다

크고 작은 구멍들
어떤 구멍들은 파헤쳐지기도 했다

지하 6층에 주차했을 때
차들은 공원묘지처럼 나란히 잠들어 있었는데, 그곳에도
끝난 것 같지는 않았다

'감당해야 할 오늘이 너무 많아요'

허덕이는 구멍들
무너지는 구멍들
입을 벌린 채 계단 아래로 굴러떨어지고 있다

내 구멍을 막느라

불탄 사과나무를 잊었는데

우리는 지하 몇 층에 눕게 될까

질문들

유리컵에 뿌리를 심었다

아침마다 투명한 벽을 살폈다

지난밤은 너에게도 허우적거림이었는지
잔뿌리가 더 엉켜 있다

물속의 삶은 어디든 발끝이 닿지 않아서
돌아오지 못한 대답들

빛이 창문을 두드릴 때 뿌리는 더 두꺼운 벽을 느꼈다
이 안에서도 가라앉을 수 있을까

삶이라는 촉수를
더듬이를
날개를
지느러미를 가져야 할까

우리는

둥글게 입을 벌려 잔잔한 둘레를 가지고 싶었는지 모른다
길게 뻗어 연한 것을 붙잡고 싶었는지 모른다

그럴 때마다 뿌리는 컵을 벗어나려고
컵은 뿌리를 가지려고

어머, 이러다 썩고 말겠네

당신은 자주 물을 갈았다

유빙

애야, 너는 시를 읽지 말았으면 좋겠어

애야, 너는 시집 같은 건 머리맡에 두지 말았으면 좋겠어

밑줄 그은 구절은 미리 알아버린 네 운명, 해석되지 않는
타로 그림은 풀려고 할수록 더 엉키게 될 거야

어둠이 오지 않으면
수선화도 눈을 뜨지 못할 거야

수선화가 피지 않는 날은
머리맡을 더듬다 밤을 쏟아버릴까 두렵구나

두 눈은 강에게 줘버리고
두 손은 바위 위에 올려두렴

속삭여도 쌓이지 않는 흰 눈 속을 걸어갔지
들여다보면 녹아버리는 흰 눈 속에서 태어났지

네 입은

너를 지켜보게 될 거야

텅 빈 눈동자는

너를 의심하게 될 거야

애야, 얼음을 들고 여기까지 오고야 말았구나 얼음 속에 갇
히고 말았구나

우리가 가지려고 한 말들이 녹고 있는데

들고 있던 네 손이 녹기 전

이 밤을 온전히 네게 맡길게

어쩌다 꽃다발을 받을 때

꽃은 꽃일 뿐인데
우리는 너무 많은 기대를 하는지 모른다

잘 알지 못하는 화면 속에서 얼떨결에 사진이 찍히듯
낯선 얼굴끼리 다발로 묶인 꽃들
어쩌지 못해 그들은 일찍 지쳐 있다

때로는 모르는 얼굴들끼리 화장이 지워지는 줄도 모르고
펑펑 울고 싶을 때도 있지만

행사가 끝날 무렵, 꽃다발이 왔다
꽃을 받아 안는 사람도 안기는 꽃도
가느다란 목이 무겁다

그때 꼭 웃어야만 했을까
너에게 해줄 말이 그 말밖에 없었을까

어색해하는 너를 위해 잠시 고개를 들어 주었다

백일홍

누가 떨어뜨렸을까

꽃을 가지는 대신
백일의 형벌

내장을 토해내면서도 너는 피어야 한다

네 기억이 닿은 모든 것은
네 머리 위의 별들처럼 다시 죽게 될 것이다

붉게 타올라 검게 소멸하는

너는 꽃을 가지지 않으려고 평생 사지를 비틀어야 한다

백일의 축복

물러서지 않을 붉음
거두지 못하는 죽음

저녁을 희게 널었다

자신이 아름답다는 걸 모르는 겨울 숲에서
흰 나뭇가지를 봤다

제멋대로 뿔이 자란 나무
너무 우거져 빠져나올 수 없는 저 안에서
흰빛을 선택한 것일까

세상에 한 마리만 남아 있다는 흰 기린처럼
비밀은 숨을 곳이 없어 비밀이 되지 못하고

어쩌면 애초에 있지도 않은 것을 누군가 분류했는지 모른다

우리는 아름다움을 모르는 아름다움

한 계절을 가려주려고
당신을 지켜주려고 비밀을 누설한 적이 있다

발목도 없이 떠내려가는 그림자를 보며

저녁에는 아무도 모르게 흰 것을 널었다

아름다움을 모르는 아름다움

우리는 잠시 환해지려고 그것을 부러뜨린 적 있다

당근마켓

아이들 어릴 때
피아노를 집에 들이는 일은 부담이었다

긴 할부로 사 들인 건반은 부의 상징 같은 거였는데
그것을 갚느라 때로는 소리가 날카로웠는데

―이제 필요 없어
―누구 줘버려

중고 피아노는 창고마다 넘치고 있어요

당근마켓에도 멀리 밀려나
수거장에서 일주일 만에 처리됐다

장롱도 침대도 소파도 곧 치워지겠지 하면서
이 집에서 가장 오래된 것은 당신이라고

방문을 열면

침대마다 늙은 엄마가 누워 있어요

머지않아 어떻게 처리될까

살아온 만큼 견뎌야 한다면, 흙 속의 시간이 길겠다

풀밭

양피라고 했다

너무 부드러워 찢어질까 조심스러웠는데
몸에 착 안겼다

순한 등을 쓰다듬으며 마음대로 입고 벗었다

잘 어울린다는 말에 양의 털을 뽑느라
손등에 털이 수북하다

양들은 최대한 순한 것을 주려고 까만 눈을 꼭 감아 준 걸까
그것을 벗겨 사나운 것을 가리는 데 사용했다

그런다고 양이 될 것도 아니면서
네 눈빛은 여전히 폭력적인데

양피라는 말에 귀가 얇아져서
장갑을 벗고 핸드백을 뒤집었다

우르르 쏟아지는 어린 양의 무리들

모르고 저지른 것도 아니면서

양의 가죽을 덮어쓰고
풀밭으로 놀러 간 적 있다

이사

윗층에서 물 내리는 소리 들렸다
화장실 가는 횟수를 줄였다
누군가 현관문을 두드렸다
살지 않는 것처럼 했다
엘리베이터 멈추는 소리에 돌아보는 습관이 생겼다
그럴 때마다 신발을 돌려놓았다
누군가 마주치는 일이 점점 두려워져
나에게 더 치밀했다
이 빽빽한 검은 숲 안에 혼자가 되어간다는 느낌
여기서 살아간다는 건 죽은 척하는 것일까
그것에도 연습은 필요하니까
칸칸마다 불이 켜지고 차들이 돌아왔다
그러자, 한 번씩
조문객들처럼 울음이 터지는 소리가 들리곤 했다

낮달

한손으로 돌을 움켜쥐고 한손은 흰 알을 품으며

우리는 무엇으로 엮여 있을까

아무것도 붙잡을게 없어 사방으로 흩어지는 날개들

어떤 밤을 흰 알처럼 조심히 꺼내 보곤 했다

내일은 태어날 수 있을까

엔딩 크레딧

혼자 걸었다 혼자 밥을 먹었다 혼자 말을 건넸다

살아남기 위해 자주 혼자가 되었다

어둠 안으로
어둠 밖으로
이동하는 무리들

사랑을 확인하기 위해 저들은 뭉쳐지고 있다

때로는 저 안을 기웃거릴 때가 있지만

낮아진 지붕은 보이지 않는 창을 가졌다

가파른 곳에서야 겨우 밤과 눈이 마주쳤다

　흰 눈동자가 핏발을 터뜨리며 누구도 관심 없는 말들을 건
디고 있다

영화 속으로 올라가는 자막들

나를 알아차리기도 전
어느새 또 혼자가 되었다

도대체 누구니?

정체가 드러날 때까지 밤은 걷고 있다

우리가 빛이라 생각하는 모든 것*

손이 얼었다

겨울에 도착하려고 되돌아가기를 얼마나 반복했는지 알 것
같다

구덩이를 덮었다가 절벽이 되었다가 계단이 되었다 그럴 때
마다 당신 손을 잡게 될까 봐
얼른 풀어버렸다

조끼를 풀어 구멍을 막았다
모자를 풀어 빛을 가렸다
목도리는 점점 늘어지고 있다

그런다고 빛이 없어질까

뭉툭한 손목으로
달이 자라고 개가 뛰어다니고 밤은 더 냉정해져

당신은 녹으면 어디에 닿을 수 있을까?

풀어도 풀어도 대답이 되지 않는 빛은,

가만히 누워 있다가
고였다가
바닥이었다가 다시 일어서기도 했다

손끝에서 시작된 일이 손끝에서 사라지기도 했다

빛은 머무르지 못해 자주 돌아오고,

---

*파얄 카파디아 감독의 영화 제목.

해남

밤은 기억할까 잠시 따듯했다는 걸, 어차피 자신의 체온으로 잠을 자야 한다는 걸 모르지 않지만 모래는 털어버리면 사라질 일이 될까 해변에는 망설이기만 한 발자국이 어둠보다 더 오래 남아 있다 나는 그것을 주우러 멀리 왔다 어쩌면 나에게도 있었을까 밤의 조각들, 더 나갈 수 없는 끝에서 가장 어두운 얼굴로 바다가 돌아오고 있다 검은 물결이 뒤집힐 때마다 흰 깃털이 날아올랐다 밤은 서서히 본색을 드러내기 시작했다 낯선 바다가 파도에 휩쓸려 뱉어지고 있다 해변에는 모르는 나로 가득했다 끝이라는 말을 손바닥에 올려본다 다시 혼자가 될 수 있을까 씹던 말을 뱉어버려도 될까

제4부

북향

의자 하나를 내놓았다 뒤뜰이라 빛이 들지 않아 조금은 음습했는데 마음이 퍼석해질 땐 거기에 앉아 있곤 했는데 의자는 조심스레 넝쿨을 뻗으며 버티는 것 같았다 벌레들은 기필코 거기까지 와서야 죽어 있기도 했는데 겨울이면 의자는 흰적막을 사랑하는 것 같았는데 그 적막으로 있지도 않는 빛을 상상하는 것 같았는데 한 그루 나무를 심어둔 것처럼 뿌리를 다칠까 봐 의자를 옮기지 못했다

입김

아침 식탁에서 우리는 흩어졌다

당신과는 식탁이 잘 차려지지 않는다

더 사랑하기 위해 겨울을 준비했는데
아침이 잘 구워지지 않네

사랑도
추울 때는 좀 쉬어요, 누군가 말해줬다

아무것도 쓰지 않기 위해 빈 노트를 달래는
입술이 점점 두꺼워지고 있다

엉킨 머리카락을 뜯느라 어둠을 다 써버렸다

식탁 위로 마른 뿌리가 드러났다
발등이 점점 갈라지고 있다

마주앉아 서로 다른 청원을 하는 사람들처럼 우리는 입김
을 소비했는데

　아무리 다가가도 뭉쳐지지가 않네

　우리는
　서로에게 닿을까 봐 조심했다

언제까지 잠들 수 있을까

나갔다 들어오면 자꾸 보풀이 생긴다

옷자락에 매달려온
관계 같은 것이 뭉쳐지고 있다

종일 보풀을 풀었다

언제까지 잠들지 못할까
언제까지 잠들 수 있을까

나에겐
목도리가 스웨터가 모자가 그 남자가 완성된 적이 없다

구름은 털을 얻기 위해 한 덩어리가 되기도 하지만

더 깊이 틀어박힌 날들, 이제
뜯어낼 보풀도 돋아날 관계도 없는데

피 묻은 손톱으로 벽을 짜올린다

목도리도 스웨터도 모자도 그 남자도
아무것도 되지 않을 나를,

눈을 감고 있을 때만 눈이 왔다

세 개의 바다

#1

오후의 바다는 유리조각 같았다

너무 눈부셔요, 아버지
눈부신 것은 가져본 적이 없어요

손바닥을 뒤졌다

그때 당신이 내 손에 쥐여 준 검푸른 주검은 너무 어려워
일찍 덮어버렸어요

건드리지 마세요, 아버지
주검은 죽은 척하고 있어요

어린 손으로 다루기에는
너무 높은 파도여서 뒤로 더 뒤로 달아났던
오후의 유품들

유리조각을 꽉 움켜잡았다

(당신은 아직 흘릴 피가 있어 치료해 줄 손을 선임할 수 있고 너덜해진 검은 살이 있고 산산이 흩어지는 평장의 노래가 있어 리플레이 할 음원이 남아 있다)

다 빠져나간 줄 알았는데
다 차오른 줄 알았는데

바다는 아직 영정사진 속에 있다

#2

아,

함부로 말하지 마세요

나 같은 사람이 가지기엔 너무 파란 거짓말
나 같은 인간이 맞서기엔 너무 흰 폭력

젊음은 객지에서 떠돌았다

#3

디킨슨*은 비스듬히라고 말했다
디킨슨은 천천히라고 말했다
디킨슨은 번개라고도 했다
디킨슨은 둘러가라고 했다

너무 눈부셔
눈이 멀지도 모른다고 했다

내게 바다는,

―――――――
*에밀리 디킨슨을 말함.

여행

몇 개의 도시로 옮겨 다녔다 이 도시에서 다음 도시를 생각했다 늘 그래온 것처럼 너는, 이 해변에서 주운 돌을 다음 파도를 향해 던지곤 했다 어머, 여긴 무지개 거리네 멀리서 알록달록한 목소리가 들렸다 무지개는 낡고 어두웠다 대체로 도시들은 죽은 호수처럼 눈을 감고 있었다 어딘가에는 출렁거림이 있겠지 여기는 호수야? 바다야? 눈만 뜨면 뻔한 말을 했다 그걸 알면서도 다음 책을 가지려 한다, 너는

백야

잠을 잃어버린 날이 계속되고 있다

밤을 기억하려고 잠을 파헤쳤다

애초에 깊은 바다 속에서 태어났더라면, 처음부터 뒤엉켰더
라면

너의 시는 밤이 없어 읽히질 않네
어두워져서야 겨우 만질 수 있었는데

밤을 데리러 바다를 건너지 말아요

이곳에서는 밤도 얼음이 되어 투명해진다는데 너무 투명해
서 서로를 잊어버렸는지
당신을 고백하기엔 너무 늦었다

다음 계절에는
더 두꺼운 책을 가지게 될까

너의 시는 백야가 계속되고 있다

모든 이를 위한, 그러나 그 누구의 것도 아닌* 밤이
사라지고 있다

---

*프리드리히 니체, 『차라투스트라는 이렇게 말했다』에서 인용.

사주 타로 카페

—점포 세 놓습니다

가게마다 텅 빈 내용들
이러다 문이 사라지겠네

이럴 줄 알았으면 한 번쯤 들어가 볼걸 그랬어
결국 엿보지 못한 당신의 미래

테이블에는 누군가의 운명이 흐트러져 있다
뒤돌아보지 않고 빠져나가느라 밀린 사주가 있어
그 앞을 지날 때마다 미끄러졌다

저 안에서 맞춰보고 싶었던 우리의 관계도 깨져버리긴 했
지만
그렇다고 모든 걸 부정하고 싶지는 않았는데

임대, 월세, 반세 조정이 가능하다는데
우리는 더 이상 노력하지 않고

불투명한 것을 되씹으며
어떤 날은 꽃집이 되었다가 도배 장판 집이었다가 로또라는
말을 돌아본다

주인을 찾지 못한 집들이 유리문으로 넘치고 있네
문 닫은 얼굴들이 늘어나고 있네

무슨 사주가 이래?

살던 곳을 떠나지 못해 떠도는 영혼들
불이 켜지기를 기다리는 그림자들

밤만 되풀이되는 사주도 있네
공실만 되풀이되는 집도 있네

슬픔이 돌아올까

냉동 창고에 물고기들이 상자째 얼어 있다
급냉한 슬픔이 눈을 뜰까 봐 서로를 지키고 있다

녹아서 다시 돌아올까 봐
근근이 살아낸 것들이 흔들릴까 봐

어떤 죽음은
눈동자에 유리조각이 박힌 채 잘려나갔지

어떤 전생은 깨어날 때 젖기부터 한다는데
여긴 아직 녹지 않은 슬픔이 있네

추운 눈을 가지려고
서로 부둥켜안고 걷고 또 걸었다

우리는 생각보다 얇아서 눈가부터 해동되는 걸까
우리는 생각보다 두꺼워서 지느러미를 잃어버린 걸까

창백함을 덮으려고 꽃은 미리 분홍을 준비했는데

회복기에 접어들면
슬픔이 무성해질까 봐 피기도 전에
떨어지기도 하지

그것은 겨울이 주고 간 것

*

너무 일찍 봄을 부른 것일까 우리가 기다리는 것을 말하지 못한 채 면회를 다녔다 그의 머리는 온통 다 타버렸다는데 너무 캄캄해서 다시 돌아올 수 없다는데 빠져나가는 그를 붙잡을 방법이 없어 우리는 지나간 겨울을 파헤치고 있었다

*

우리가 정한 그날, 그가 끝내줄 거라 믿었는데 끊어질 듯 이어지는 숨은 겨우 인공호흡기에 매달려 있고 그의 귓속으로 진흙이 차오르고 입술은 점점 벌어지고 있었다 울음은 베개 밑에서 일찍 일어났다 규칙이 형벌처럼 지속 되는 시간들, 우리는 서로의 머리카락을 뽑고 있었다

*

울음도 없이 꽃이 먼저 왔다 염치없이 막무가내로 왔다 이

미 온 것을 막을 방법이 없듯이 그것은 겨울이 주고 간 것, 아
무리 되짚어 봐도 누군가 이미 우리 손에 쥐여주고 간 것 어
느 날은 검은 머리에 흰 꽃을 달고 겨울이 돌아다니기도 했다

문 앞에서

네가 도착했을 때
그 문은 열려 있었다 문 뒤에는
너를 데리러 온 어둠이 휙 덮칠 것 같아
선뜻 들어서지 못했는데

네가 오기 전
그것은 흰 것에 가려 급하게 빠져나가고
너의 침대는 무덤처럼 차갑고 움푹했다

문은 바람 같아서 닫히지 않을 때도 있다
열린 문은
의문투성이어서
아무 대답도 하지 못할 때 있다

나는 살면서
몇 번 구덩이를 파헤친 적 있다

아직 오지 않은

몇 번의 구덩이가 더 있겠다

어떤 때는 문 앞에서 돌아서고 싶을 때도 있지만

언젠가는 순순히 따라가야 하는 순간이 있다는 걸
알고 있다는 듯

문은 열려 있다

긴 계절이 있었다

새벽마다 연필을 깎았다

얼어붙은 땅에 매일 연필을 부러뜨렸다
흰 종이 위에 자잘하게 흩어지는 무력감이 정전기를 일으
키다 주저앉았다

종이와 연필 비슷한 것끼리 싸움을 붙이는 이 비겁함, 식탁
에 앉을 때마다

시를 쓰는 척했다

얼마 남지 않은 양식을 버렸다
얇은 관계는 최대한 말을 아꼈다

구근을 심었다

눈 덮힌 노트 위에

나른한 머리카락을 무용한 눈썹을 심었다 보이지 않는 곳
에 보일까 두려워 자라지도 않은 시를

심고 또 심었다

아니지 이건 아니야 하면서 똑같은 새벽이 오는 것처럼,

봄

컹컹 짖고 싶어진다 개는,
아무도 관심 없는 구석에 홀로
지쳐서 가장 낮게 엎드려 있다 개는,
그런 날은 그저 목이 쉬도록 꽃은 떨어지고 있다

허연 거품을 문 지친 짐승이
제 안에 살고 있다는 걸 확인할 때 개는,
털가죽 밖으로 나오려고 날뛰고 싶었는지 모른다

누구도 키운 적 없는 개는,
누구도 쓰다듬어준 적 없어 털이 빠진 개는,
불쑥불쑥 튀어나와 나를 짖게 한다

목줄을 풀어줘도 갈 데도 없는 개는,
한없이 바닥으로 꺼지고 있다

밤은 언제 오는가
— 이향의 시세계

고봉준(문학평론가)

1.

나무는 나무에서 걸어 나오고
돌은 돌에서 태어난다

뱀은 다시 허물을 껴입고
그늘은 그늘로 돌아온다

깊고 푸른 심연 속에서
흰 그늘을 뿜어올리는
검은

등불

낮에 펼쳐둔 두꺼운 책갈피로 밤이 쌓인다

—「밤의 그늘」 부분(『희다』)

　이향은 '밤'의 시인이다. 그녀의 시에서 '밤'은 '낮'의 반대편, 즉 단순한 어둠이 아니라 사물과 세계가 새롭게 태어나는 신생의 시간이다. 밤이 되면 어둠의 장막을 헤치고 "나무는 나무에서 걸어 나오고/돌은 돌에서 태어난다". 첫 번째 '나무'와 '돌'이 '낮'에 속하는 사물이라면, 두 번째 '나무'와 '돌'은 '밤'에 속하는 사물이다. 요컨대 '밤'은 '나무'가 '나무'이면서 동시에 '나무'가 아닌 시간, '돌'이 '돌'이면서 동시에 '돌'이 아닌 시간이다. 이향에게 시는 두 번째, 즉 '밤'의 세계에 속하는 사물에 관한 이야기이다. 이때 '밤'은 '낮'의 대척점, 즉 단순한 시간적 의미로 환원되지 않는다. 우리의 일상에서 '밤'은 대개 '낮'의 연장으로 이해된다. 반면 이향의 시에서 '밤'은 '낮'의 연장보다는 그것의 잔여, 그러니까 '낮'의 '빛'이 포획되지 않는 시간이며, 그런 의미에서 '밤'은 '낮'의 타자이자 그것의 그림자 혹은 그늘이라고 말할 수 있다. 이향의 시에서 '밤'과 더불어 '그늘'과 '그림자'라는 시어가 각별한 의미를 갖는 이유가 여기 있다. 이향의 시에서 '밤'은 '그늘'과 '그림자'의 시간이다. 그것은 우리가 '낮'의 세계에서 마주한 '사물'의 이면(裏面)을 마주하게 되는 시간이며, '걸어 나오고'와 '태어난다'라는 술어가 지시하듯이, 정확히 말하면 '사물'이 자신의 이면(裏面)을 드러내는/펼쳐 보이는 사물 자체의 시간이다. 이런 점에서 시는 본질적으로 '밤'과 '그늘'에 가까운 언어인지도 모른다. 만일 '낮'이 이성과 실용의 세계라면, '밤'은 이성과 실용으로 지시되지 않는 어떤 것이 현현(顯現)하는 세계라고 말할 수 있다. 이향에게 시 또는 예술은 정확히 이 세계의 이야기이다. 하지만 이러한 '밤'은 '낮'과 완전히 단절된 시간이 아니다. "나무는 나무에서 걸어 나오고/돌은 돌에서 태어난다"라는 진술이 보여주듯이 '나무'가 걸어 나오기 위해서는 이미-항상 '나무'가 존재해야 하며, '돌'이 태어나기 위해서도 마찬가지로 '돌'은 이미-항상 존재해야 한다. 이향의 시에 자주 등장하는 '그늘'과 '그림자' 이미지는 바로 이들 두 시간 혹은 세계의 관계를 드러내는 시적 장치이다. "낮에 펼쳐둔 두꺼운 책갈피로 밤이 쌓인다"라는 진술처럼 어둠이 '낮'의 '빛'을 두텁게 뒤덮으면 비로소 그 어둠의 심연 속에서 희미하게 명멸하는 "검은 등불"이 드러난다. 그것이 바로 '그늘'이다. 이향의 시에서 '그늘'은 빛의 그림자이면서 '낮'의 시간 동안 사물이 감추고 있던 얼굴이 "달의 계단들이 아코디언처럼 접혔다가 다시 펼쳐지는" 시간이다. 만일 우리가 이 사물의 현현을 '빛'이라고 말할 수 있다면, 그것은 '낮'의 세계에 속한 '빛'이 아니라 '밤'의 세계에 속한 '빛'이라고 불러야 할 것이다. 낮의 잔여로서의 밤, 거기에는

'낮'의 '빛'과 다른 또 다른 빛이 존재한다. '낮'의 시선으로는 보이지 않는 것, 이향에게 시는 이 보이지 않는 '빛'을 보는 일, 아니 그것이 스스로 드러날 수 있도록 기다리는 일, 혹은 언어 안에 그것의 자리를 제공하는 일과 다르지 않다. 이향의 첫 시집 『희다』가 밤을 배경으로 현현하는 이 '빛'의 발견에 관한 이야기라면, 두 번째 시집 『침묵이 침묵에게』는 '밤'의 이미지를 한층 구체화하는 작업에 바쳐진 것이라고 말할 수 있다.

2.

이향의 시는 일상적 경험에서 시작된다. 이것은 이향의 시가 일상을 중요하게 생각한다거나 그 세계를 충실하게 재현한다는 뜻이 아니다. 우리는 '밤'에 관해 이야기하면서 '나무'가 걸어 나오기 위해서는 이미-항상 '나무'가 존재해야 한다고 말한 적이 있다. 이향의 시에서 '밤'은 '낮'과 완전히 단절된 시간이 아니라는 것, '밤'은 '낮'의 이면, 타자, 그림자, 궁극적으로는 잔여와 유사한 것이다. 이런 맥락에서 시인에게 일상은 빠져나오기 위해 선차적으로 존재해야 하는 '낮'의 시간이라고 말할 수 있다. 이향의 시는 '밤'이 열어젖히는 '언어'의 행로를 따라 이 '일상=낮'의 세계에서 벗어나는 출구 찾기이다.

밤에 나무는 나무가 되지 않으려고 하늘로 오른다 나무
에서 멀리 더 멀리 가려고 부글거리며 끓어오른다 밤에 나

무는 나무가 되지 않으려고 숲으로 간다 숲은 검게 타올라
어둠의 집을 크게 가진다 밤에 나무는 춤춘다

　다시 돌아가지 않으려고 격렬하게 제 흰 그림자를 떨어
뜨린다

　우리는 사랑을 가지려고 아무렇지도 않게 밤을 밟고 지
나갔다

　나무는 안다 밤이 되어서야 오롯이 나무가 된다는 걸 숲
이 거대한 불안에 휩싸여 희게 뱉어질 때

　한쪽 가슴에 죽은 새를 안고

　은빛 촛대를 들고
　한 잎 한 잎 당신을 생각하느라

　나무는
　밤에 나무는 조금만 잠든다
　　　　　　　　　　　　　—「나무는 조금만 잠든다」 전문

‘나무’는 시인이 가장 선호하는 시적 대상이다. 첫 시집에 등

장하는 "나무는 나무에서 걸어 나오고"(「밤의 그늘」)라는 진술
만이 아니라 두 번째 시집에 수록된 "나무는 빗속으로 희게 타
들어 가고 있다"(「나무의 밤」) 등에서 확인되듯이 이향의 시에
서 '나무'는 '밤'과 함께 등장해 화자를 '낮'의 잔여로 견인하는
대표적인 사물이다. 이런 의미에서 '나무'가 이향의 시세계로
들어가는 유력한 입구라고 말해도 과장이 아닐 듯하다. 두 번
째 시집 『침묵이 침묵에게』 역시 비탈을 기어오르고 있는 나무
의 형상으로 시작된다. "검푸른 치마를 걷어 올리고 나무들이
기어오른다"(「비탈」)라는 진술이 그것이다. "통째로 뽑힌 나무
의 하부"(「비탈」)를 드러낸 채 비탈에 위태롭게 뿌리내리고 있
는 나무의 형상, 시인에게 그것은 검푸른 치마를 걷어 올리고
비탈을 기어오르는 한 여성의 모습으로 각인되고 있다. 이와
유사하게 인용 시에서 화자에게 '밤'의 '나무'는 "나무가 되지
않으려고 하늘로 오"르는 형상으로 가시화된다. 나무가 되지
않기 위해 "나무에서 멀리 더 멀리 가려고 부글거리며 끓어오"
르는 나무는 나무이면서 동시에 나무가 아니다. 아니, '낮'과
'밤'에 걸쳐 있는 이 사이-존재로서의 나무야말로 "오롯이 나
무"가 된 상태라고 말할 수도 있겠다. 왜냐하면 '낮'의 시간에
속한 '나무'는 이미-항상 인간을 전제한 존재, 가령 풍경의 일
부이거나 인간의 삶을 위한 유용한 수단, 그러니까 '대상'의
수준을 벗어나지 못하기 때문이다. 이때의 '나무'는 존재하지
만 이미-항상 수단이나 도구로서 존재할 뿐 스스로 존재감을

드러내면서 존재하는 것, 요컨대 "오롯이 나무"로 존재한다고 말하기 어렵다.

반면 '밤'의 시간에 속하는 '나무'는 나무를 빠져나온 나무, 나무가 되지 않으려고 하늘로 솟아오르는 나무, "나무에서 멀리 더 멀리 가려고 부글거리며 끓어오르는 나무"처럼 오직 '나무'로 존재할 따름이다. "밤에 나무는 나무가 되지 않으려고 숲으로 간다"라는 진술처럼 시인은 '숲'을 나무에서 벗어난 나무의 형태로 인지한다. '숲'이라는 새로운 배치의 일부로서의 '나무'는 한 그루, 즉 단독자로 존재하는 '나무'와 다르다. "밤에 나무는 춤춘다"라는 표현처럼 이러한 특징은 특히 '밤'에 분명하게 드러난다. 시인은 숲의 일부로서 다른 나무와 더불어 어둠에 잠긴 상태에서 바람에 흔들리는 나무의 형상에서 "다시 돌아가지 않으려고 격렬하게 제 흰 그림자를 떨어뜨"리는 듯한 모습을 발견한다. '밤'의 시간 속에서 자신의 존재감을 드러내는 '나무'를 가리켜 시인은 그것이 깨어있다고, 조금만 잠들었다고 표현하고 있다. 어쩌면 인간이, 인간적인 것들이 잠든 '밤'이야말로 '사물'이 제 모습을 드러내는 시간, 즉 사물의 시간은 아닐까. '인간'의 세계가 잠에 빠질 때, 그리하여 침묵할 때 비로소 '사물'의 세계가 입을 여는 것인지도 모른다. 이때 시인은 이 사물의 목소리를 듣는 존재일 것이다.

책상을 안고 애를 쓰다 깨어난 적 있다

책상을 가지려고

가는 곳마다 모서리에 부딪쳤는데

앉을 때마다 당신과 멀어지곤 했는데

낮 동안 없던 것들이 밤이면 나타나듯

밤에 책상이 태어났다

그것만 있으면 다 내려놓을 수 있겠지

너에게는 숨겨둔 본색을 드러내도 되겠지

없던 눈동자를 가졌는데 우는 사람이 없네

흰 깃털을 떨어뜨리기도 했는데

받아 적는 사람이 없네

밤은 살아 있는 것들의 목을 조여 죽은 새의 눈을 들여다

보게 한다

무얼 더 써야 하지?

한때 책상은 폭력이었을까 그땐 책상 밖으로 뛰쳐나가

고 싶었을까

영안실에 덩그러니 놓여 있는 관(棺) 앞에서
우리는 서로 다른 기도를 중얼거렸다

이러다 끝내버릴 결심을 할 수도 있겠지만

어떤 밤에는
믿을 게 책상밖에 없어서

밤마다 당신이 태어난다
─「책상은 태어난다」 전문

'낮'이 이성과 실용의 시간이라면 '밤'은 감성과 무용(無用)의 시간이다. 또한 '낮'이 세상을 밝게 비추는 밝은 빛의 시간이라면 '밤'은 낮 동안 침묵하던 사물들이 일제히 자신의 존재를 드러내는 어두운 빛 또는 그늘의 시간이라고 말할 수 있다. 이런 이유에서 '낮'을 노동의 시간이라고 말한다면 '밤'은 예술, 특히 시의 시간이라고 규정할 수 있을 것이다. '밤-어둠-그늘'의 언어로 쓴 시는 쉽게 읽히지 않는다. 정의상 그것은 읽히기/소비되기 위해 쓴 시가 아니기 때문이다. 아니, 그것은 시인-주체의 능동적 행위라고 말할 수 있는 '쓴' 시가 아니라

'밤-어둠-그늘'이 자신을 드러내고 시인이 받아 적은 시, 즉 '쓰여진' 시라고 말하는 것이 더 정확한 표현이다. 요컨대 대부분의 시에는 '낮'의 언어로 쓴 부분과 '밤'의 언어로 쓴 부분이 혼재되어 있다. 그리고 전자보다 후자의 영향력이 클 때, 그 시는 종종 요령부득이나 난해하다고 비판받을 가능성이 높다. 이향의 시 또한 전자보다 후자의 영향력이 크다. 두 번째 시집에 수록된 산문('시인의 말')에서 시인은 자신의 시작 태도를 "용쓰다 뱉어 놓은 한 마디, 침처럼 질질 흐르다 가끔 시로 엉키는,"이라고 표현하고 있다. 이것은 '밤'의 언어가 계기적 연속성의 지배를 받지 않는다는 의미이기도 하다. "읽히는 쪽으로 걸어가는 동안/당신을 통째로 잃어버렸다"(「아침마다 시집이 도착했다」)라는 진술에서 드러나듯이 의식적으로 '밤'의 언어를 '낮'의 언어로 번역하려고 할 때 요령부득의 상태에서 벗어날 수는 있으나 시(詩) 자체가 사라질 수도 있다.

인용 시에서 가장 주목할 부분은 "밤에 책상이 태어났다"라는 진술이다. '책상'은 원래부터 존재하던 어떤 것이 아니라 '밤'에 태어나는 사물이다. "낮 동안 없던 것들이 밤이면 나타나듯이"라는 설명처럼 '책상'은 전적으로 '밤'에 속하는 사물이다. 여기에서 '책상'은 글쓰기, 구체적으로는 시작(詩作)과 연결된다. '밤'은 글쓰기의 시간이다. "밤은 살아 있는 것들의 목을 조여 죽은 새의 눈을 들여다보게 한다"라는 진술은 우리가 '낮' 동안 외면해 온 것, 가령 "죽은 새의 눈"을 보는 일을 가능하게 만든다는 의미일 것이다. 시인은 이 모든 것을 "책상"을 갖는 문제로 이해하고 "책상을 가지려고" 갖은 노력을 했다. 그리하여 그는 '책상'이 주어진다면 모든 것을 다 내려놓을 수 있으며, 때로는 "숨겨둔 본색을 드러내도" 괜찮을 것이라고 상상했다. 하지만 "무얼 더 써야 하지?"라는 진술에서 암시되듯이 그녀의 시작(詩作)은 때때로 무언가에 가로막히며, 그때마다 시인은 "한때 책상은 폭력이었을까 그땐 책상 밖으로 뛰쳐나가고 싶었을까"라고 되묻곤 한다. 이러한 시 쓰기의 문제에 '영안실'과 '관(棺)'이 등장하는 맥락은 알 수 없으나 죽음을 환기하는 기호들에 이어 "밤마다 당신이 태어난다"라는 진술이 배치된 것은 무척 흥미롭다. '책상=글쓰기'를 사이에 두고 삶과 죽음이 나란하게 놓인다는 것, 그 죽음이라는 사건의 주어 자리에 "우리"라는 복수 대명사가 배치된다는 것은 추측건대 이 장면이 누군가의 장례식을 배경으로 하고 있다는 의미로 이해된다. 물론 "어떤 밤에는/믿을 게 책상밖에 없어서"라는 진술처럼 시인에게 글을 쓰는 행위는 유일하게 믿을 수 있는 대상이다. 다만 그것이 믿음만큼의 고통을 동반한다는 것은 분명한 사실이다. 그렇다면 마지막 연에서 밤마다 태어나는 '당신'의 정체가 '시(詩)'라고 말해도 되지 않을까.

3.

이향의 시에서 '밤'과 '그늘'과 '그림자'는 하나의 계열을 이

루면서 '낮'과 다른 세계/질서를 구축한다. 그것은 시인과 독자 모두를 '밤'의 세계로 데려가고, '밤'과 대면시킨다. 철학자 하이데거는 이러한 '밤'과의 조우에서 공포와 절망을 호소했으나, 시인에게 '밤'은 '낮'의 밝은 빛 때문에 볼 수 없었던, 인간의 목소리 때문에 들을 수 없었던 세계가 '탄생'하는 매혹의 순간을 선사한다. 셰익스피어의 희극 『뜻대로 하소서』에 등장하는 진술("속세와 떨어진 우리 삶은/나무들이 하는 말에 귀 기울이고,/흐르는 시냇물을 책 삼으며, 돌에서 설교를 듣고/어디에서나 좋은 것을 찾을 수 있지")이 설명하는 것도 정확히 이것이다. 모든 사랑이 그러하듯이, 시와 예술은 이미-항상 '밤'에 탄생한다. 물론 '낮'이 있기에 '밤'이 존재한다. 하지만 '밤'은 '낮'의 언어로는 닿을 수 없는 또 다른 세계/질서이며, 그런 한에서 '낮'의 한계점이다.

잠을 잃어버린 날이 계속되고 있다

밤을 기억하려고 잠을 파헤쳤다

애초에 깊은 바다 속에서 태어났더라면, 처음부터 뒤엉
켰더라면

너의 시는 밤이 없어 읽히질 않네

어두워져서야 겨우 만질 수 있었는데

밤을 데리러 바다를 건너지 말아요

이곳에서는 밤도 얼음이 되어 투명해진다는데 너무 투
명해서 서로를 잊어버렸는지
당신을 고백하기엔 너무 늦었다

다음 계절에는
더 두꺼운 책을 가지게 될까

너의 시는 백야가 계속되고 있다

모든 이를 위한, 그러나 그 누구의 것도 아닌 밤이
사라지고 있다

—「백야」 전문

　이향 시에서 '잠'과 '꿈'은 '밤'의 변주곡이다. 굳이 '꿈'에 관
한 정신분석이나 무의식이라는 개념을 사용하지 않아도 우리
는 '잠'과 '꿈'이 이성과 노동이 지배하는 '낮'의 세계와는 다른
질서에 속한다는 것을 경험으로 알고 있다. "밤을 기억하려고
잠을 파헤쳤다"라고 진술에서 알 수 있듯이 '잠'은 '밤'에 도달

하는 경로 가운데 하나이다. 따라서 '잠'을 잃어버렸다는 말은 '밤'을 잃어버렸다는 말과 다르지 않다. 이 시의 제목은 백야(白夜)이다. 백야는 여름철 극지방에서 태양이 지평선 아래로 완전히 내려가지 않아 밤에도 밝은 현상을 가리킨다. 시인은 이 백야 현상을 원용하여 '밤'의 상실에 관해 이야기하고 있다. '백야'는 '밤'을 잃어버린 '밤'을 지시하는 이름이다. '밤'의 상실은 왜 문제일까? "너의 시는 밤이 없어 읽히질 않네"라는 진술처럼 '밤'이 없으면 시를 읽는 것이 불가능하다. 이제 '밤'은 시를 쓰는 시간만이 아니라 시를 읽는 시간이기도 하다. '밤'의 언어로 쓰인 시는 '밤'이 아니면 제대로 읽을 수 없다. 이런 점에서 "너의 시는 백야가 계속되고 있다"라는 말은 시를 쓰고 읽는 일이 불가능하다는 의미, 가령 "시를 쓰는 척했다"(「긴 계절이 있었다」)나 "아무것도 쓰지 않기 위해 빈 노트를 달래는/입술이 점점 두꺼워지고 있다"(「입김」)와 일맥상통하는 진술처럼 보인다. 시인이 "부디, 나의 잠을 걷어가지 마세요/나는 잠 속에서만 깨어 있어요"(「오, 아름다운 잠」)라고 말할 때 그것은 '밤'을 긍정하는 것이다. "눈을 감고 있을 때만 눈이 왔다"(「언제까지 잠들 수 있을까」)라는 진술도 이와 마찬가지이다. '낮'의 세계에서 '잠'과 '깨어 있음'은, '눈'을 감고 있음과 '눈' 내리는 풍경은 공존할 수 없는 사건들이다. 하지만 '밤'의 세계에서는 '잠'과 '깨어 있음'이, '눈'을 감고 있음과 '눈' 내리는 풍경을 바라봄이 같은 의미가 된다. 시인은 깨어 있기

위해 자발적으로 '잠'의 세계에 들어서는 존재, 그리하여 '눈'
을 감음으로써 내리는 '눈'을 보는 존재이다. '눈'을 감음으로
써 비로소 무언가를 본다는 이 역설적인 상황에서 '눈'은 물리
적·신체적 기관에 한정되지 않는다. 그것은 '낮'의 시선, 그러
니까 이성과 노동의 척도에 맞춰 세상을 바라보는 것이며, 따
라서 '눈'을 감는다는 것은 그러한 척도에서 벗어난다는 의미
일 것이다.

어떻게 아침마다 식탁에 앉지
어떻게 밤마다 밤이 오지
규칙을 사랑해서 당신은 부정맥이 생겼지

밥솥이 고장 나 버렸으면 좋겠어 정수기는 정수되지 않
고
냉장고를 열면 신발들이 쏟아졌다

국화가 핀다고 곧 축제가 시작된다고
하루에 몇 번씩 안전문자가 왔다

국화는 너무 폭력적이야
국화는 너무 현실적이지

국화를 읽으려고 새벽마다 달이 떴나?

어떻게 하면 국화보다 더 국화 같은 세밀화
어떻게 하면 죽음보다 더 죽음 같은 조문을 할 수 있어
—「안전문자」 부분

　세상에는 두 개의 시간이 존재한다. '낮'의 시간과 '밤'의 시간. '낮'과 '밤'의 공존이 세상의 이치여서 '낮'의 시간이 끝나면 '밤'의 시간이 도래하고, '밤'의 시간이 끝나면 '낮'의 시간이 시작되기 마련이다. '낮'에 짠 실을 '밤'에 푸는 페넬로페(Penelope)의 실뜨기가 보여주듯이 '낮'과 '밤'의 질서는 다르다. '낮'이 노동의 시간이라면 '밤'은 무위(無爲)의 시간이라고 말할 수 있고, '낮'이 기억의 시간이라면 '밤'은 망각의 시간이라고 말할 수 있다. 시인은 이 '망각'의 시간 속에서 시를 쓰는 존재이다. 또한 '낮'이 이성의 시간이라면 '밤'은 감성의 시간이라고 말할 수 있고, '낮'이 질서의 시간이라면 '밤'은 그것이 무화(無化)되는 한계 시간이라고 말할 수 있다. 이향의 시에서 이러한 한계 시간은 "방을 가져본 적 없는 밤이/바퀴를 끌고 다닌다"(「캐리어」)나 "몇 개의 도시로 옮겨다녔다"(「여행」)처럼 부유(浮游)하는 이미지와 "제 방향으로 각각 흩어지고 있다"(「빌어먹을 옐로우」)처럼 원심력을 연상시키는 이미지로 제시된다.

인용 시에 등장하는 안전/질서에 대한 반발감 또한 같은 맥락으로 읽힌다. 1연에서 시인은 규칙적으로 반복되는 것에 대해 의문을 표시한다. 아침마다 식탁에 앉는 일, 밤마다 밤이 오는 현상 등은 '규칙'이라고 말할 수 있는데, 이러한 규칙은 필연적으로 그 척도를 벗어나는 현상을 질병 상태로 간주하게 만든다. '부정맥'이 바로 그것이다. 요컨대 모든 일에서 '규칙'과 '불규칙'은 언제나 동시에 만들어진다. 시인은 이러한 규칙성에 대해 부정적이다. "밥솥이 고장 나 버렸으면 좋겠어 정수기는 정수되지 않고/냉장고를 열면 신발들이 쏟아졌다"라는 진술처럼 그는 삶에 불규칙한 순간, 예외적인 상황이 발생하기를 희망한다. '접시'를 가리켜 "와장창 깨져버렸으면 좋겠어/계단처럼, 난간처럼"(「접시는 매일 조심한다」)이라고 진술하는 것도 마찬가지이다. 이런 와중에 시인에게 국화 축제의 시작을 알리는 안전문자가 하루에도 몇 번씩 도착했다. 문자의 구체적 내용은 알 수 없으나 '안전문자'의 특성을 감안하면 축제가 진행되는 동안 안전사고 등에 각별히 주의해 달라는 정도의 내용이었을 것이다. 하지만 "국화는 너무 폭력적이야/국화는 너무 현실적이지"라는 진술처럼 화자에게 해마다 반복되는 축제는 축제가 아니라 '폭력'에 가깝게 느껴지며, '안전문자' 또한 안전과는 무관한 것으로 인식된다. 알다시피 '축제'는 일상적인 질서, 매일매일 반복되는 규칙이 일시 정지되는 예외적 시간이다. 모든 민중적 축제는 일상적인 생활 질서가 무너지는 해방된 삶과 기존의 논리가 뒤집히는 거꾸로 된 삶이 특징이다. 하지만 화자에게는 이러한 삶의 예외성을 경고하는 '안전문자'나 해마다 반복되는 예외(축제)의 규칙성이 더 폭력적으로 느껴진다. 이러한 축제에서는 부유(浮游)나 원심력 같은 이미지도 발견되지 않는다. 시인에게는 일상적 질서와 경험이 어긋나는 순간이 바로 진정한 '축제'의 시간이기 때문이다.

4.

이향의 시에는 이따금 '밤'의 상실을 불안해하는 목소리가 등장한다. "아무리 기다려도 밤은 오지 않았다"(「혼자 있을 때 밤이 왔다」)라는 진술이 대표적이다. 이 시에서 화자는 '낮'의 환한 빛을 피하기 위해 '모자'를 쓰고 그 "아래로 보이는 것"만 보았다고 고백한다. 사무엘 베케트의 작품을 전유한 이 시에서 가장 인상적인 것은 '모자'라는 장치이다. 베케트의 주인공 고고와 디디는 '고도'를 기다리고, 「혼자 있을 때 밤이 왔다」의 화자는 '밤'을 기다린다. 베케트의 희곡에서 럭키에게 '모자'는 생각을 가능하게 하는 사유-장치이지만 「혼자 있을 때 밤이 왔다」의 화자에게 '모자'는 '밤'이 도래하지 않는 상태에서 '밤'과 유사한 효과를 만들기 위한 예술-장치이다. 이처럼 '밤'에 관한 이향의 사유는 새로운 장치와 영토를 창안하면서 확장되고 있다. 그것이 확장이 어디에서 중단될지는 알 수 없지만, 이번 시집에 수록된 '밤'에 관한 가장 인상적인 작품인 「해남」을 읽어보면 당분간 그것이 지속되어도 좋을 듯하다.

밤은 기억할까 잠시 따뜻했다는 걸, 어차피 자신의 체온으로 잠을 자야 한다는 걸 모르지 않지만 모래는 털어버리면 사라질 일이 될까 해변에는 망설이기만 한 발자국이 어둠보다 더 오래 남아 있다 나는 그것을 주우러 멀리 왔다 어쩌면 나에게도 있었을까 밤의 조각들, 더 나갈 수 없는 끝에서 가장 어두운 얼굴로 바다가 돌아오고 있다 검은 물결이 뒤집힐 때마다 흰 깃털이 날아올랐다 밤은 서서히 본색을 드러내기 시작했다 낯선 바다가 파도에 휩쓸려 뱉어지고 있다 해변에는 모르는 나로 가득했다 끝이라는 말을 손바닥에 올려본다 다시 혼자가 될 수 있을까 씹던 말을 뱉어버려도 될까

—「해남」 전문

시인동네 시인선 262

우리는 서로에게 닿을까 봐

ⓒ 이향

초판 1쇄 인쇄 2025년 10월 2일
초판 1쇄 발행 2025년 10월 13일
지은이 이향
펴낸이 김석봉
디자인 헤이존
펴낸곳 문학의전당
출판등록 제448-251002012000043호
주소 충북 단양군 적성면 도곡파랑로 178
전화 043-421-1977
전자우편 sbpoem@naver.com

ISBN 979-11-5896-713-0 03810